AF229340

DES PRÉJUGÉS

CONTRAIRES

A LA CHARTE.

DES PRÉJUGÉS

CONTRAIRES

A LA CHARTE;

PAR

M. LE V^{TE}. ÉD. DE VALERNES.

Gaudere novis rebus debere videtur
Cui veteres obsunt.

LUCRÈCE.

Les choses nouvelles doivent plaire
quand il y a danger à reprendre
les anciennes.

Paris.

DE L'IMPRIMERIE DE FAIN,

RUE RACINE, N°. 4.

***

1829.

INTRODUCTION.

On a beaucoup écrit sur la Charte. L'œuvre du Roi législateur est devenue le texte de nombreux commentaires, le sujet de plusieurs traités aussi remarquables par l'élévation de pensées que par la pureté de sentimens qui en caractérisent les auteurs. A-t-on tout dit? Je ne le crois pas.

A mesure que les années, dans

leur cours, entourent notre loi fondamentale de cette espèce de consé-
cration que le temps seul peut donner
aux institutions politiques, à mesure
que nous nous éloignons du berceau
de nos libertés, les dissidences s'effacent, et les diverses nuances de l'o-
pinion tendent à se fondre, à *s'har-
monier*. Les partis n'ont point de
postérité : chaque jour aussi voit
s'éteindre les hommes qui accueil-
lirent la Charte avec des sentimens
de crainte ou d'aversion. Pourtant il
existe encore des individus et même
des classes entières de citoyens qui
n'ont pas apprécié tous les bienfaits
du gouvernement constitutionnel. Ces

adversaires de la Charte vivent, il est vrai, dans le passé sans s'apercevoir que le présent les dévore.

Je ne viens pas les combattre d'une manière hostile; les discussions passionnées ne sont plus de saison. Galilée dans les fers ne se vengeait de ses persécuteurs qu'en traçant sur les murs de sa prison la figure de la terre : alors, avec cet accent de conviction que donnent des calculs mathématiques, il s'écriait : *e pur si muove!* Imitons sa modération; comme lui prouvons le mouvement en marchant devant les incrédules. La vérité, la justice finissent toujours par triompher : leur langage doit réunir tous les Français au pied de cette colonne de la Charte qui, participant en quelque sorte à la nature de l'éternité immobile au milieu des révolutions du temps, sert de digue aux flots du parti populaire, et de phare au pouvoir, qu'elle garantit contre ses propres excès. C'est l'arche de salut de notre France ; mais une mort soudaine frappait l'imprudent qui osait porter la main sur l'arche d'Israël ; chez nous, au contraire, la Charte est pour la monarchie, comme pour la nation, un garant de vie et d'immortalité.

Voilà de ces vérités générales que personne ne révoquera en doute. Et cependant l'on attaque par des actions ce que l'on n'ose pas combattre en paroles. Ici je ne m'adresse point à quelques imaginations timorées, à des gens qui, datant d'un autre siècle, ont traversé en aveugles la révolution et l'empire, à peu près comme ces fleuves qui disparaissent tout à coup aux regards, s'enfoncent dans les entrailles de la terre, s'y frayent une route, et nous dérobent ainsi une partie de leur cours. Ces gens-là doivent être excusés. Eux seuls sont demeurés stationnaires au milieu du mouvement général. Ils vivent encore sous l'influence des habitudes, des préjugés, des impressions de leur jeunesse.

Je ne m'adresse point à ces nouveaux Épiménides, car tels devaient être les hommes qu'indiquait cette allégorie de la Grèce antique.

Jusque-là, rien n'a droit de surprendre ; mais que des Français, dont les forces physiques et morales se développent avec le siècle qui marche, que des jeunes hommes de notre époque restent étrangers à l'esprit national, qu'ils se rejettent violemment et avec effort dans le passé, voilà qui est fait pour étonner.

En méditant sur les préjugés contraires à la Charte, je crois avoir rencontré quelques-unes des causes de cette étrange obstination. Je vais leur donner un peu de développement, en écartant toujours les personnalités pour remonter aux principes. Les hommes paraissent bien petits à côté des principes : ceux-ci restent, les hommes passent.

Grâces à la marche progressive de l'esprit public, la statue d'or de la Restauration a cessé d'être le colosse aux pieds d'argile. Elle ressemble de plus en plus aux pyramides d'Égypte, dont la base s'élargit à mesure que le vent du désert balaie le sable qui en recouvrait les premières assises.

DES PRÉJUGÉS

CONTRAIRES

A LA CHARTE.

DE LA CHARTE.

Ce mot de Charte (car, avant d'entamer une discussion quelconque, il faut d'abord s'entendre sur la signification des termes que l'on emploie), ce mot s'appliqua spécialement dans le principe aux actes écrits du moyen âge, soit qu'ils émanassent des souverains ou des seigneurs, soit qu'ils fussent la manifestation d'intérêts privés. Quant à son étymologie, nous la trouvons dans les mots grecs et latins Χάρτης, *Charta*, qui signifient également du papier fait avec le *papyrus*, espèce de roseau égyptien, dénomination qui devint commune à ce genre de papier, de même qu'au parchemin et aux autres tissus destinés à conserver le dépôt de la pensée.

Plusieurs ordonnances de nos rois, qui datent du quatorzième siècle, portèrent le nom de Chartes, imprimant ainsi un caractère national à des actes d'abord spéciaux, et dont l'effet se trouvait borné dans le ressort d'une commune, dans les limites d'une province. Tels furent les titres des anciens priviléges de la Normandie, du Querci, de l'Auvergne, du Périgord. Les publicistes

rangent également dans la même caté-
gorie l'ordonnance du 3 mars 1356, ren-
due sur la demande des États Généraux.
Il est à remarquer que tous ces actes,
concédés par la couronne au profit de
la nation, datent de la même époque,
époque à laquelle remontent aussi l'af-
franchissement des communes et le commencement de la lutte du pouvoir mo-
narchique avec la féodalité. Après un
long sommeil, l'Europe se réveillait; ses
habitans cherchaient à briser leurs fers
au moral comme au physique; et bientôt
l'invention de la poudre à canon, la
découverte de l'imprimerie, la conquête
d'un monde et la naissance de la religion réformée, en marquant une ère
nouvelle, devaient signaler l'aurore de
la civilisation moderne.

Cependant, malgré tout l'intérêt qui s'attache à ces diverses chartes du quatorzième siècle, on peut douter que l'auguste frère du roi martyr eût imposé cette dénomination à notre pacte fondamental, si d'autres considérations plus puissantes ne l'y eussent déterminé. A l'appui de cette opinion, j'invoquerai l'histoire de nos troubles politiques. En effet, depuis 1789 jusqu'en 1814, dans l'espace de vingt-cinq années, les constitutions, les lois organiques se sont succédé avec une rapidité vraiment étonnante *. Dans ces jours où le pouvoir ressemblait à une monnaie courante qui

---

* Le lecteur ne sera pas fâché de voir ici un tableau de ces diverses constitutions.

1°. Recueil des cahiers des trois ordres, 1789.

passe de main en main, chaque parti,
chaque chef de parti émettait son pro-

2°. La Constitution de l'Assemblée constituante,
1790.

3°. La même, revisée au mois de juillet 1791.

4°. La Constitution républicaine de 1793.

5°. Les décrets de la Convention, portant créa-
tion d'un gouvernement révolutionnaire,
légalement constitué.

6°. La Constitution de l'an III avec un Directoire.

7°. La Constitution de l'an VIII avec des consuls.

8°. La Constitution impériale.

9°. Le gouvernement despotique institué par des
sénatus-consultes.

10°. La petite constitution du sénat en 29 articles, 1814.

11°. La Charte royale, en juin 1814.

12°. L'Acte additionnel aux constitutions de l'empire, mai 1815.

2

jet d'organisation générale : les constitutions sortaient toutes faites du cerveau
de législateurs improvisés, comme Mi-
nerve armée s'élançant du front de Ju-
piter. Néanmoins, au milieu de tant de
projets et de travaux différens, aucun
ne porta le nom de charte. En l'adop-
tant, en le consacrant, Louis XVIII a
dû remonter dans le moyen âge, et
l'exemple de nos voisins d'outre-mer
acheva sans doute de le décider. C'est
ce que démontrera un coup d'œil rapide
sur les fastes de la Grande-Bretagne.

Richard Plantagenet avait terminé sa

13°. Le projet de Constitution de la chambre des
représentans, juin 1815.

14°. La Charte royale avec des modifications,
juillet 1815.

carrière aventureuse; Jean *Sans-Terre* occupait le trône, ou plutôt, pour parler le langage de l'époque, le tigre s'était assis à la place du lion. Bassement lâche et cruel, ayant à peine l'énergie du crime, Jean ne tarda pas à devenir l'objet des mépris du peuple et des grands. L'assassinat du prince Arthur appela sur son meurtrier les foudres de l'église; et, dans un siècle où les Papes disposaient des couronnes de la chrétienté, Innocent III adjugea au roi de France le sceptre d'Angleterre. Alors, Jean épouvanté négocia avec la cour de Rome; un tribut annuel, consenti par le prince, fit lever la sentence d'excommunication qui pesait sur sa tête. Mais les barons anglais avaient pris les armes; ils ne se contentaient pas de promesses illusoires, ils réclamaient hautement des garanties qui les préservassent de l'arbitraire et du despotisme.

Le prince céda : la *Grande-Charte*, comprenant soixante-sept articles, et la *Charte des Forêts*, composée de dix-huit, furent signées en 1215. Jean, par le premier de ces traités, renonça pour lui et pour ses successeurs à la faculté de lever aucun impôt sans l'avis du parlement. D'autres articles de cette Grande-Charte réglèrent les franchises et libertés dont avaient joui la cité de Londres ainsi que les villes et bourgs du royaume en vertu des lois de saint Édouard, franchises et libertés sur lesquelles avait constamment empiété la couronne depuis le onzième siècle. On y trouve encore l'institution du jury, puisqu'une clause porte spécialement qu'aucun citoyen ne peut être arrêté, privé de ses biens, mis à mort sans un jugement de ses pairs. Voilà la base fondamentale de la constitution anglaise. Pourtant, à l'époque où fut signée la Grande-Charte, les communes ne participaient pas à la discussion de l'impôt. Le Parlement était constitué d'une manière entièrement aristocrati-que. Ce fut en 1266 que les plébéiens commencèrent à jouir de ce droit, et qu'il y eut une chambre des communes, encore n'obtint-elle une existence légale qu'en 1295.

Il n'entre point dans mon sujet de tra-cer ici l'histoire des institutions politi-ques de la Grande-Bretagne : ce travail aurait sans doute son utilité; mais il me mènerait trop loin et me détournerait du but que je veux atteindre. Je dirai seulement qu'en 1688, à la chute des Stuarts, la Grande-Charte de 1215 fut prise en sous-œuvre et mise en harmonie avec les progrès de la civilisation et les besoins de l'état. Les travaux les plus importans de la *glorieuse révolution de* 1688, ainsi que l'appellent nos voisins, furent le *bill des droits* et l'*acte de limitation de la couronne*, qui devinrent le complément des libertés anglaises.

Avant que notre horizon fût chargé de nuages, lorsque rien encore n'annonçait l'approche d'une révolution qui devait embraser la France et ébranler l'Europe, MONSIEUR, comte de Provence, s'était attiré l'attention de tous les hommes éclairés, par la gravité de ses travaux et la supériorité de ses lumières. Nos

premières tentatives de réforme accru-
rent naturellement l'ardeur avec laquelle
il s'était livré à l'étude de hautes questions d'état. On n'a point oublié l'élan
unanime des jeunes seigneurs de la cour,
jaloux de suivre le mouvement imprimé
à la nation ; Monsieur guida constamment
cette noble phalange. Plus tard, lorsque
le crime vint souiller cette révolution,
si belle à son berceau, il dut dérober
sa tête à la hache parricide et épargner
un crime de plus aux bourreaux de son
frère. Mais, du fond de la solitude d'Hartwell, son cœur français songeait toujours à la France, et son esprit, frappé
du spectacle d'un grand peuple se déve-
loppant avec noblesse sous l'égide d'une
constitution libre, s'occupait des moyens
de faire participer le royaume de ses

pères aux bienfaits d'un pareil régime.

En 1809, après avoir tour-à-tour habité Vérone, Blankenbourg, Mittau, Varsovie, et s'être vu constamment obligé de fuir devant les armées triomphantes de la République et de l'Empire, Louis XVIII se retira en Angleterre, où il avait fait acheter le château d'Hartwell. Là, dans le voisinage de Londres, mettant à profit les leçons de l'expérience et de l'exil, il méditait sur l'avenir de sa patrie. Rien encore n'annonçait la chute du colosse qui dominait l'Europe; et pourtant un regard observateur, perçant l'obscurité des destins, pouvait reconnaître que le gigantesque édifice de l'empire reposait sur des fondemens de sable. Effectivement, la France soupirait après la liberté; les troubles de 1793 avaient organisé la licence et l'anarchie. Certes il n'y avait rien de libre dans cette révolution, *dévorant*, *comme Saturne, ses enfans*. Peu après, un fantôme de république nous avait entourés d'une auréole de gloire, héritage qu'accrut encore l'homme qui changea en sceptre les faisceaux consulaires. Mais, dans tout cela, point d'institutions politiques, aucun titre qui constituât des droits en échange des devoirs. Dès-lors aussi l'observateur put deviner que celui qui négligeait la force morale, ce premier besoin des peuples civilisés, succomberait sous les coups de la force matérielle, de laquelle il s'occupait exclusivement. A de grandes masses, il fallait opposer des masses plus grandes encore. Ce fut le secret des *triomphes*

de l'Europe coalisée. Napoléon tomba;
un gouvernement provisoire s'organisa;
le nom des Bourbons retentit dans Paris,
et le trône de saint Louis se releva de
ses ruines.

Avec ses princes légitimes, la France
devait trouver cette liberté légale qu'elle
avait si infructueusement poursuivie de
ses vœux depuis tant d'années. Le mot de
constitution fut prononcé en même temps
que le nom des Bourbons. On ne s'en tint
pas à de vaines paroles. Le gouvernement provisoire présenta aux délibéra-
tions du Sénat-Conservateur un projet
de constitution qui, après avoir été ren-
voyé, le 5 avril 1814, à une commis-
sion composée de sept membres, fut
discuté en séance le lendemain et adopté
à l'unanimité. Cette constitution, en

vingt-neuf articles, règle le retour de l'ancienne dynastie, ainsi que les intérêts de la France nouvelle. Et, ce qui surprendra sans doute la postérité, c'est d'y voir figurer sur la même ligne, les intérêts de messieurs les sénateurs, s'occupant de leur existence comme grands dignitaires de l'état, de leur dotation et même du sort de leurs héritiers.

Le 2 mai suivant, Louis XVIII arriva à Saint-Ouen. De ce château fut datée cette immortelle déclaration, qui comprend et résume toute la Charte constitutionnelle. Maintien du gouvernement représentatif; libre consentement de l'impôt par la nation; liberté politique, individuelle et religieuse; liberté de la presse; garantie des propriétés et des biens nationaux; responsabilité des ministres; inamovibilité et indépendance des juges; consolidation de la dette publique; maintien des grades, des pensions, de la nouvelle noblesse, de la Légion-d'Honneur; admission de tous les Français aux emplois; amnistie absolue pour tous les votes et opinions : n'est-ce pas là l'esprit de la Charte? Enfin le 4 du mois de juin de la même année, le roi, accompagné des princes de sa famille, des grands officiers de la couronne, etc., etc., se rendit au Corps-Législatif. Après le discours du monarque, discours rempli d'éloquence et de cette onction qu'inspire le cœur, le chancelier prit la parole et remit ensuite la Charte constitutionnelle au comte Ferrand, ministre d'état, qui en donna lecture à haute voix.

L'abîme des révolutions semblait fermé pour toujours; il n'en fut rien. La France se souviendra long-temps du funeste événement du 20 mars.

Je dois le dire : des fautes avaient été commises par le ministère; ces fautes facilitèrent, amenèrent le retour de Napoléon. On en trouve la preuve dans une proclamation de Louis XVIII, publiée à Cambrai le 25 juin 1815, et où il annonce aux Français son intention de fortifier la Charte par de nouvelles garanties. Quelques jours après, le vénérable monarque était remonté sur le trône de ses aïeux.

Jusqu'à présent je ne me suis occupé que de la Charte en elle-même. C'était la marche que me traçait la nature de mon sujet; il fallait fixer mon point de départ : maintenant je vais indiquer les préjugés qui, dans le Midi surtout, ont nui à l'éducation constitutionnelle d'une partie de la population.

DE L'OPINION

CONSTITUTIONNELLE

DANS

LES DÉPARTEMENS MÉRIDIONAUX.

Ce n'est point à un enfant du Midi qu'il appartient d'attaquer le pays qui l'a vu naître. Cependant la patrie est au-dessus du lieu natal; et je dois dire la vérité tout entière dans une question qui intéresse la France. L'opinion constitutionnelle est à peine formée dans nos départemens du sud. Il faut l'avouer : les populations y bégayent encore le langage de la Charte. C'est là que l'on rencontre des hommes et des castes qui érigent en principe l'arbitraire, l'absolutisme ; enfin, pour emprunter une expression populaire pleine d'énergie, des hommes *plus royalistes que le Roi.* D'où vient ce funeste aveuglement, cet esprit d'obstination qui rappelle ces noirs habitans des déserts que le poëte nous représente insultant au Dieu de la lumière ? La France nourrit-elle deux races d'hommes distinctes ? La civilisation aurait-elle parmi nous ses Parias volontaires ? C'est là ce que je vais essayer d'examiner ; ce travail est facile ; il suffit de jeter un regard en arrière : car une intime connexion unit le passé et l'avenir.

Dans le Midi, la révolution a été pénible, longue, sanglante. Il y a eu constamment opposition, lutte, combat : de là des réactions. Participant de l'ardeur du climat, de la puissance du soleil, les passions se sont frayé une large carrière; elles se sont manifestées par des explosions d'autant plus violentes, qu'elles avaient été davantage comprimées dans leur essor. C'est le salpêtre, c'est le volcan recevant, des résistances qu'ils éprouvent, une nouvelle énergie de destruction.

D'un autre côté, il y avait chez les individus de l'imagination et peu d'instruction, par conséquent point d'équilibre dans le caractère. L'imagination est une mer sans bornes, un océan sans rivages; dans le bien comme dans le

mal, elle ne connaît point de digue. Demandez à un marin la destinée qui at-
tend un navire sans lest.

Cette révolution, avec ses phases sanglantes, avec ses chances si variées, si
inégales, avec ses nombreuses réactions,
a laissé dans les esprits des souvenirs
toujours vivans. Les fils ont reçu, comme
un patrimoine, les préjugés, les passions et les haines des pères, sans re-
cueillir l'héritage de leur expérience. On
s'est rangé, on s'est divisé en deux
camps ennemis ; et ces camps ont été
tracés entre un double rang de tom-
beaux. Ce n'était point assez de remuer
la cendre des morts, on a influencé
l'esprit des enfans à peine débarrassés
de leurs langes ; l'avenir s'est trouvé
associé aux fureurs du passé et du présent.

Telle était la situation des partis lorsque Napoléon confisqua le pouvoir à son profit. Sa main puissante nivela toutes les saillies, brisa toutes les oppositions, suspendit toutes les haines : le rapprochement eut lieu avec effort, sans qu'il existât aucune harmonie entre des élémens hétérogènes. Il y eut néanmoins une apparence d'homogénéité : le génie de Napoléon était le centre où venaient aboutir les rayons divergens du cercle.

Le Midi fut malheureux sous le despotisme impérial. D'abord la conscription pesait péniblement sur des races d'hommes qui ne sont point militaires par instinct comme les populations de nos départemens du Nord. Ainsi que le dit le lieutenant-général comte Lamar-

que * : « Dans le Nord, la proximité des
» places de guerre, le spectacle impo-
» sant des manœuvres, des exercices
» militaires, l'éclat des uniformes, le
» bruit des tambours, les sons enivrans
» d'une musique martiale, entraînent,
» enflamment les jeunes gens. Ils voient
» les jeunes filles préférer ceux qui ont
» embrassé le métier des armes; ils en-
» tendent dans les longues veillées leurs
» parens raconter les exploits de leur
» jeunesse, et ils veulent porter l'habit
» qu'a porté leur père, et courir aussi
» de nobles hasards. »

Le Midi ne peut fournir les traits
d'un pareil tableau. Bien loin de là, le
départ des conscrits de l'empire, comme

---

* De l'Esprit militaire en France.

celui des recrues de la monarchie, y
est toujours accompagné de larmes et
de regrets. Plus tard, les enfans du Midi
feront comme ceux du Nord, car l'aspect
du drapeau leur rappellera qu'ils sont
Français; mais cette aversion instinctive
pour le métier des armes n'en existe pas
moins. Elle contribua principalement à
rendre odieux le gouvernement impérial. D'ailleurs, à cette époque, l'agriculture et le commerce étaient en souf-
france dans tous les départemens méri-
dionaux. Les ports de mer languis-
saient; Marseille voyait chaque jour di-
minuer sa population. Sous le poids
d'un malaise général on oublia bien vite
que Napoléon avait mis un terme aux
sanglantes saturnales de la révolution;
et, pour emprunter le langage de l'Écri-

ture, on amassa contre lui des trésors de colère.

Sa chute vint satisfaire les esprits irrités, sans calmer toutefois leurs ressentimens. On insulta au colosse tombé. Cependant les populations exaltées se précipitèrent avec transport au devant des Bourbons. La présence d'un petit-fils de Henri IV, *d'un Français de plus*, en réveillant tous les souvenirs, mit en mouvement toutes les espérances; mais à ces espérances, pures d'abord, ne tardèrent pas à se mêler des idées coupables, des projets de vengeance.

Plus de conscription, *plus de droits réunis*, telles furent les premières paroles que proféra le comte d'Artois en mettant le pied sur le sol de la patrie. Ces paroles retentirent au loin; elles ne

pouvaient manquer d'avoir de l'écho
dans le Midi, où la conscription avait
éveillé tant d'opposition, et où les droits
réunis étaient peut-être encore plus dé-
testés que dans le reste de la France; cet
impôt, en entravant dans son essor une
des principales branches d'agriculture
et de commerce des départemens du
sud, devenait surtout insupportable à
cause de la manière dont il était per-
çu. Aussi peut-on dire que la déclaration du prince fut accueillie par une
explosion de reconnaissance, d'amour,
d'enthousiasme.

Satisfait dans ses vœux les plus chers,
le Midi ne demanda rien à la monarchie légitime. Peu lui importait de pos-
séder des institutions et des garanties.
Ses habitans avaient traversé les gran-

des crises de la révolution sans se pénétrer des droits et des devoirs du citoyen. Leur éducation politique se trouvait toute à refaire. Que dis-je! elle n'était pas même ébauchée. Raisonner moins, sentir davantage, voilà quelle était la devise des masses comme des individus.

D'ailleurs le Midi, éloigné du centre du pouvoir et de son action immédiate, ne faisait point corps avec le reste de la France. Les vieux souvenirs des rois d'Arles et de Provence, des comtes de Toulouse et de Montpellier; la résidence de plusieurs souverains pontifes dans le comtat Venaissin, tout cela exerçait encore je ne sais quelle influence. Il est dans le passé une force incalculable; et les hommes les plus amis du doute sont

contraints d'adopter la fatalité histo-
rique.

Le Nord se dessinait d'une manière
bien différente. Là, chacun s'occupait
des intérêts publics. De même que dans
les jours antiques de la Grèce et de
Rome, les citoyens veillaient au bien
du pays. Tous les esprits étaient cruel-
lement froissés par la présence des étrangers en armes violant le sol sacré. En
même temps que des larmes coulaient
sur nos revers, des espérances s'atta-
chaient aux actes du gouvernement provisoire, espérances que réalisèrent la
déclaration royale du 2 mai et la pro-
mulgation de la Charte.

Après tant de déceptions, le vaisseau
de l'état put braver la tempête et jeter
enfin l'ancre du salut. Mais pendant que le

Nord applaudissait au glorieux ouvrage du Roi législateur, le Midi se rendait coupable de la plus odieuse indifférence. Dès ce moment, la France se divisa en deux grands partis : d'un côté, des populations graves, fortes, industrieuses, jalouses de la liberté légale qui allait fleurir à l'ombre du trône de Saint-Louis; de l'autre, des hommes légers, oublieux, susceptibles à la fois d'entraînement et d'apathie, vivant au jour le jour, ne demandant rien au passé, n'attendant rien de l'avenir.

DE

L'ÉDUCATION POLITIQUE.

Le médecin qui découvre la nature et la cause d'une maladie a rempli une partie de son ministère. Mais il lui reste encore beaucoup à faire : le mal est connu, il faut de plus indiquer le remède. La politique ressemble en cela à la médecine.

Je viens de signaler quelques-uns des préjugés qui nuisent à la popularité de notre pacte organique. Ces préjugés

prennent leur source dans des préven-
tions, dans l'ignorance surtout; il s'agit
de les dissiper, il s'agit de fermer la plaie
que j'ai touchée du doigt.

Le meilleur moyen d'approprier nos
institutions à la portée de toutes les
classes de la société, c'est de refondre
entièrement notre système d'éducation.
Au dix-neuvième siècle, après les événemens extraordinaires passés sous nos
yeux, après une révolution qui nous a
tous émancipés, nous recevons encore
l'éducation monacale du seizième siècle.
Tout a changé, tout a subi l'influence
puissante du temps et de la civilisation.
Costume, mœurs, langage, nous ne res-
semblons en rien à nos gothiques aïeux;
et dans le soin le plus important, dans
la leçon de laquelle dépend notre exi-

stence entière, dans cela seulement on s'obstine à suivre les traditions du passé.

Je ne parlerai pas ici de cette étrange manie d'élever comme un peuple de littérateurs, des jeunes gens destinés à devenir des cultivateurs, des négocians, des avocats : cette erreur nous est commune avec le reste de l'Europe, et l'Angleterre elle-même la partage. Je n'attaquerai pas non plus cette préférence exclusive que l'on accorde à des langues mortes depuis des siècles, sur des langues que parlent des hommes avec lesquels nous sommes tous les jours en relation d'affaires, de plaisirs ou d'amitié. Ce sont des considérations secondaires auprès de celles que je traite aujourd'hui.

Le plus grand vice de notre éducation consiste dans cette espèce de pro-

scription qui frappe tout ce qui a rap-
port à nos lois, à nos institutions, à
nos souvenirs nationaux. On nous en-
tretient longuement dans les colléges
des expéditions d'Alexandre et de César,
jamais des conquêtes de Charlemagne et
peu de celles de Louis XIV. Cependant,
nous habitons la France, nous sommes
appelés à vivre avec des Français.

Se met-on seulement en peine de nous
expliquer le système qui nous régit? Je
me rappellerai toujours qu'un jeune
élève de quatrième fut extrêmement
surpris, en 1811, de voir, dans une
géographie de Crozat, que la France
avait été quelque temps organisée en
république. Pour remédier à de pareils
inconvéniens, ne serait-il pas indispensable d'afficher dans chaque classe (et

je ne parle pas simplement de nos colléges); ne serait-il pas indispensable d'y
afficher quelques tableaux de la Charte
constitutionnelle, imprimée en gros ca-
ractères. Les enfans pourraient de bonne
heure apprécier le monument de la sa-
gesse de Louis XVIII; ils apprendraient
à bénir le nom de l'auteur de la Charte,
ainsi que celui de son auguste frère,
qui a juré de la maintenir. Avant d'en-
trer dans la vie, ils comprendraient la
dignité de Français, les devoirs qu'im-
pose le titre de citoyen. Ces impressions
de l'enfance sont bien plus puissantes
qu'on ne le croit en général. Elles ne
s'effacent que difficilement. Une fois gra-
vées dans l'esprit des générations qui
s'élèvent, elles influeraient sur leurs
sentimens et sur leurs actions.

Au lieu de tant de récits parasites dont on surcharge la mémoire des enfans, pourquoi ne pas leur enseigner chaque jour quelques articles de la Charte? Et ici je ne demande point des perroquets formés par d'autres perroquets. Non, le professeur devrait d'abord expliquer, commenter chaque article; il faudrait animer la leçon par des réfléxions utiles, par de rapprochemens historiques, en un mot faire pénétrer dans les jeunes esprits un rayon de lumière propre à leur faire bien apercevoir la pensée du législateur.

Au reste, ce que je demande n'est point une innovation. La gravité des historiens antiques les a empêchés de nous transmettre de semblables détails; mais si l'éducation politique n'avait com-

mencé en Grèce et à Rome dès les premières années de la vie, comment au-
rait-on trouvé des citoyens en état de
soutenir les discussions de l'Agora et du
Forum? L'histoire nous y montre cependant des jeunes gens à peine échappés à
l'adolescence, monter hardiment à la tribune et éclairer leurs concitoyens sur
des questions du plus haut intérêt. C'est
que les affaires publiques étaient celles
de tous, et non pas seulement du petit
nombre, et que chacun était pénétré de
l'idée qu'il se devait tout entier à sa patrie.

Que l'on ne s'y trompe point : une
pareille éducation (ce serait l'éducation
des faits substituée à celle des mots)
avancerait pour nous l'âge de la raison
et de la maturité. Déjà l'étourderie, la
frivolité française ont disparu; quelques

individus s'en plaignent : les insensés! ils ne comprennent donc pas que c'est le désordre, l'insouciance, l'immoralité qu'ils regrettent? Du scandale et de l'éclat dans le scandale, voilà ce que recherchait le Français du dix-huitième siècle. En atteignant son but, était-il heureux? Au contraire, sa vie se trouvait désenchantée; il n'avait plus ni plaisirs, ni illusions. Blasé de bonne heure, dégoûté du monde, il ne réveillait ses facultés engourdies qu'à force d'irritation; et l'on pourrait regretter encore de semblables mœurs!

Heureusement, les masses jugent plus sainement. Liberté et gaieté peuvent très-bien marcher de front; j'en appelle au témoignage de la Grèce républicaine.

Epaminondas était le premier des Thébains, et pourtant cet austère guerrier se délassait des fatigues du commandement et des travaux de l'homme d'état en cultivant les arts. Au sortir du combat, il déposait son glaive pour prendre la lyre.

Une éducation nouvelle, une éducation en harmonie avec l'ensemble de notre état social, tel est le moyen de dissiper tous les préjugés, de rallier tous les partis, de faire de trente-deux millions de Français une masse homogène qui n'aura qu'une affection, qu'une seule pensée, celle de vivre et de mourir pour le bien du pays, pour le maintien de nos glorieuses institutions.

Puisqu'un nouveau système d'éducation nationale peut seul détruire les entraves qui gênent encore dans son essor la marche de l'esprit public, espérons que ce soin occupera tous les instans de ce ministère de l'instruction publique, sur lequel repose réellement l'avenir de la France. Comment veut-on que tous les citoyens soient animés d'un même esprit, qu'ils suivent une ligne uniforme de conduite, tandis que des résistances s'organisent de tous côtés, tandis que des hommes, intéressés à renverser nos institutions, exploitent à leur profit l'enfance et la jeunesse, dont ils dénaturent les opinions, les croyances et les vœux.

C'est en 1822, au commencement de l'année, que le parti rétrograde s'appuya sur les jeunes gens. Avec cette sagacité qui caractérise les factieux, les meneurs du parti virent bien qu'ils ne pouvaient se flatter de rencontrer des auxiliaires dans les rangs des hommes faits. Des principes arrêtés les garantissaient contre la corruption; alors on commença à jeter le germe empoisonné dans l'esprit de l'enfance.

Les jésuites s'étaient déjà immiscés dans l'éducation publique. Ils avaient reparu au temps de l'empire, non comme jésuites, non franchement, mais sous des dénominations supposées, mais avec les déguisemens si familiers à leur ordre. Napoléon, absorbé par de plus grands intérêts, ne distingua point les progrès d'une société qui ne pouvait lui pardonner ni son élévation, ni sa gloire, et qui reconnaissait pour unique chef un souverain étranger. Néanmoins, tout en poursuivant l'accomplissement de leurs

projets, les jésuites continuèrent à dis-
simuler ; la restauration ne les mit que
faiblement en lumière.

En 1822, les circonstances changè-
rent ; ils le comprirent, ils devinèrent
que l'heure avait sonné, que le fruit
était mûr. Un homme que je ne nom-
merai point, à cause de l'éclat des premières années de sa vie, et qui depuis
a bien racheté un instant de faiblesse,
un homme influent par ses talens, par
sa position, se présenta à M. de Cor-
bière, alors ministre de l'intérieur. Que
l'on se reporte à l'époque (1822), et que
l'on se rappelle que la France était travaillée dans tous les sens par une foule
d'agitateurs aux gages du ministère et
de l'étranger. Cet homme, après s'être
entretenu avec le ministre des troubles

de la Rochelle, de Colmar, et de la levée
de bouclier du général Berton, dit qu'il
était nécessaire de compromettre la jeunesse des écoles afin de l'attacher au
pouvoir. Comment y parvenir? Jusque-
là les étudians en droit et en médecine
s'étaient distingués par la plus touchante
fraternité d'opinions, de sentimens et de
pensées. Suivre la marche qu'a indiquée La
Fontaine : ce faisceau que l'on ne pouvait
rompre, en isoler les élémens, les opposer les uns aux autres, opérer une
scission.

L'exécution suivit de près. Tous les
moyens de séduction furent employés
auprès des jeunes gens, que leur âge,
que leur isolement, que des passions exaltées par le séjour de Paris
livraient sans défense aux effets du venin

corrupteur. Une société littéraire fut établie pour contrebalancer l'influence de l'Athénée et des autres réunions savantes dirigées par l'esprit des doctrines constitutionnelles. On éveilla la cupidité et l'ambition. Tous les emplois du parquet furent promis à des jeunes gens encore assis sur les bancs de l'école. On ne leur demandait en échange ni talent, ni capacité, ni naissance. Plus d'orgueil, plus de dédain aristocratique ; force était de recruter indistinctement. Aussi le parquet se vit bientôt envahi ; une partie de l'école s'en empara presque d'assaut.

Dès ce moment, plus d'harmonie, plus d'union entre ceux que semblaient devoir rapprocher leurs travaux, leur âge et d'anciennes habitudes. L'âcreté des discussions politiques rompit les amitiés de collége. Cependant de nombreux fonctionnaires avaient été ainsi improvisés. Ces transfuges ne daignaient pas seulement tourner leurs regards vers le passé. Le sentiment de leurs torts les affermit de plus en plus dans la voie nouvelle où les avaient jetés leur ambition personnelle et l'astuce du ministère.

Ne croyez pas néanmoins que ces hommes qui ont acquis le pouvoir aux dépens de leur honneur, en sacrifiant ostensiblement leurs premières affections; ne croyez pas qu'ils aient pu se débarrasser de leurs souvenirs, qu'ils se soient mis au-dessus de ces retours de conscience, premier supplice du coupable. Non, non, le passé les poursuit sans cesse; le souvenir est pour eux du remords.

Ils ont beau se plier à l'allure des agens supérieurs du gouvernement; au fond de leur âme, il y a quelque chose qui proteste contre leur obéissance passive. Ils ne peuvent abuser les autres; ils ne s'abusent pas davantage eux-mêmes. En dépit de leurs efforts, ces idées d'ordre légal, de liberté, de tolérance, font battre leurs cœurs. Ils ne se le dissimulent pas à eux-mêmes; de si petits hommes ne détruiront pas ce qu'ont fait et de grands hommes et de grandes choses.

Mais ce venin, qui pour eux trouve un contrepoison dans les souvenirs du premier âge de leur vie, ce venin, ils l'inculquent tout entier, sans palliatif, dans l'esprit de leurs enfans. Eux aussi sont devenus pères de famille, et, pour épargner à leurs fils ces retours de conscience qui font le tourment du transfuge, ils les confient aux soins des jésuites.

Voyez aussi comme ils invoquent la liberté dès qu'elle favorise leurs passions ou leurs intérêts! Entendez-les tonner avec force contre *cet odieux monopole de l'Université qui gêne un père dans l'exercice des droits les plus sacrés!* — « Quoi! s'écrient-ils, le citoyen ro-
» main avait droit de vie et de mort sur
» son fils; et nous ne pouvons choisir
» au nôtre tel ou tel maître! Notre ex-
» périence ne peut guider sa faiblesse,
» et cela sous l'empire de la Charte,
» sous un régime qui garantit à chaque
» Français le libre exercice de ses droits,

» qui proclame la plus complète indif-
» férence, même en matière de religion ! »
— Écoutez, messieurs, vous qui êtes si
habiles à invoquer la Charte aussitôt
que le pouvoir échappe à vos mains,
écoutez. Le gouvernement ne vous in-
terdit pas la faculté de diriger les études
de vos enfans. Il ne vous prescrit pas de
renoncer à votre prérogative paternelle.
Mais lui aussi a quelques droits sur la
population. De même qu'on a besoin de
son autorisation pour vendre des sub-
stances vénéneuses, il peut ravir à des
hommes dangereux le pouvoir d'em-
poisonner l'esprit de la jeunesse. Cette
surveillance est le premier devoir imposé
à l'autorité. D'ailleurs l'éducation uni-
versitaire n'est exigée qu'à l'égard des
sujets qui se destinent à courir une car-

rière publique. Ne demandez aucune charge, aucun emploi pour vos fils, ils n'auront rien à démêler avec les monopoleurs de l'université, et ils pourront suivre les leçons des bons pères de Fribourg.

———

La carrière que j'avais à fournir en traitant des préjugés contraires à la Charte, était vaste. Un pareil sujet touche à tous nos intérêts politiques et civils; mais j'ai dû me borner dans ma course, et me resserrer, autant que possible, dans un cadre étroit. Non que les longs ouvrages me fassent peur, c'est uniquement dans l'idée d'être plus utile.

Au milieu de l'irritation générale des esprits, dans cette succession de sentimens si variés qui nous agitent tour à tour, la plupart d'entre nous ont fort peu d'instans à consacrer à la lecture. Seuls, quelques hommes, amis des études fortes, se trouvent dans le cas de suivre une question sous toutes ses faces , de la considérer dans tous ses rapports. La foule tient plutôt à être tenue à la hauteur des événemens. Des journaux qui retracent les discussions de la tribune, et où sont consignées les diverses variations de l'atmosphère politique, voilà l'aliment le plus convenable à la généralité des Français.

Parmi les adversaires de la Charte, j'ai signalé ceux qui, datant d'un autre siècle, vivent dans le passé; les hommes de notre âge, qui ont été faussés dans leurs sentimens par l'ambition et la cupidité; enfin cette partie de la génération nouvelle travaillée par les doctrines du jésuitisme. Telles sont les principales nuances qui caractérisent les ennemis de notre pacte fondamental. Dans tout cela il est impossible de méconnaître le cachet de l'égoïsme, l'*auri sacra fames*, de l'égoïsme étouffant la voix de la patrie, et mettant les intérêts de quelques hommes au-dessus du repos, du bonheur, de la gloire de trente-trois millions d'hommes.

Si, au moyen de ce rapide écrit, je puis produire une seule conviction, j'aurai atteint mon but. Le moment est arrivé de paraître constamment sur la brèche. Dans le moyen âge, chaque Français veillait et dormait sous les armes. Maintenant la plume a remplacé l'épée, et tous ceux qu'anime l'amour du bien public doivent être autant de sentinelles avancées. Il y a quelques mois, m'immisçant dans la grande question de l'indépendance des communes, j'exprimai ma pensée sur cette organisation que réclame la France constitutionnelle. Aujourd'hui j'ai voulu combattre quelques préjugés, dont l'existence nuit à la prospérité du pays. A mes travaux, je le répète, ne se mêle aucune prétention d'auteur : au-dessus de la palme littéraire, je placerai toujours la couronne civique.

FIN.